글 녹색연합 "함께 열어 가는 푸른 미래, 녹색연합이 꿈꾸는 세상입니다." 1991년 창립된 우리나라의 대표적인 환경 운동 단체입니다. '생명 존중, 생태 순환형 사회, 비폭력 평화, 녹색 자치'를 실현하기 위해 백두대간 보전 활동, 야생동식물 보호 활동, 생태 공동체 운동, 반핵 운동, DMZ 보호 활동, 군기지 환경문제 대응, 대안 에너지 보급 활동 등을 하고 있습니다. 《산양들아, 잘 잤니?》 진행에는 녹색연합 정명희 님이 애써 주셨습니다.

그림 이장미 중앙대학교에서 동양화를 공부했습니다. 여러 차례 개인전을 가졌고, 아이들 책에 그림 그리는 일을 계속하고 있습니다. 그린 책으로 《조선 왕실의 보물 의궤》, 《유일한 이야기》, 《한국사를 뒤흔든 열 명의 장군》, 《네가 아니었다면》 등이 있습니다.

감수 최현명 대학과 대학원에서 조경학을 공부했습니다. 대전 동물원 설계를 끝으로 조경 일은 그만두고, 〈한국동물구조관리협회〉에서 잠시 일했습니다. 그러다 우리나라의 산과 들은 물론이고 러시아, 몽골, 인도 여러 나라를 발로 뛰면서 야생동물을 만나러 다니고 있습니다. 야생동물을 만난 기록과 자료를 모아 《야생동물 흔적 도감》(공저)을 냈고, 어린이책 《쿵쿵이가 간다》에 글도 썼습니다.

● 이 책은 "녹색연합과 함께하는 대한민국 깃대종" 시리즈의 둘째 권입니다.
깃대종이란 1993년 국제연합환경계획(UNEP)이 발표한 개념으로, 생태계의 여러 종 가운데 그 종과 서식지를 지키면 생태계 전반을 되살릴 수 있는 대표적인 생물종을 가리킵니다. 또한 한 지역의 생태적, 지리적, 문화적 특성을 반영하는 상징적인 동식물입니다. 시베리아호랑이, 팬더, 코알라, 두루미 등 국제적인 깃대종이 있는가 하면, 강원도 홍천의 열목어, 울산 태화강의 각시붕어, 경기 의왕시의 올빼미, 충북 괴산의 미선나무, 전북 덕유산 반딧불이 등 한국 깃대종도 있습니다.
"녹색연합과 함께하는 대한민국 깃대종" 시리즈의 첫째 권은 백령도 점박이물범의 이야기를 담은 《점박이물범, 내년에도 꼭 만나!》입니다.

산양들아, 잘 잤니?

첫 번째 찍은 날 | 2013년 5월 22일
두 번째 찍은 날 | 2014년 7월 30일

글 녹색연합 | 그림 이장미 | 감수 최현명
펴낸이 이명희 | 펴낸곳 도서출판 이후 | 편집 김은주, 신원제, 유정언 | 마케팅 김우정

표지 및 본문 디자인 | (주)끄레 어소시에이츠

글 ⓒ 녹색연합, 2013
그림 ⓒ 이장미, 2013

등록 | 1998. 2. 18(제13-828호)
주소 | 121-754 서울시 마포구 동교동 165-8 엘지팰리스 1229호
전화 | 02-3144-1357 (전송) 02-3141-9641
블로그 | http://blog.naver.com/dolphinbook
트위터 | @SmilingDolphinB

ISBN | 978-89-97715-11-4 77810

이 도서의 국립중앙도서관 출판시도서목록(CIP)은
e-CIP 홈페이지(http://www.nl.go.kr/cip.php)에서 이용하실 수 있습니다.
(CIP 제어번호: CIP 2013004350)

이 책은 저작권법에 의해 보호를 받는 저작물이므로 무단 전재와 복제를 금합니다.

꽃의 걸음걸이로, 어린이와 함께 자라는 웃는돌고래

웃는돌고래는 〈도서출판 이후〉의 어린이책 전문 브랜드입니다.
어린이의 마음을 살찌우고, 생각의 힘을 키우는 책들을 펴낼 계획입니다.

산양들아, 잘 잤니?

글 녹색연합 | **그림** 이장미 | **감수** 최현명

웃는돌고래

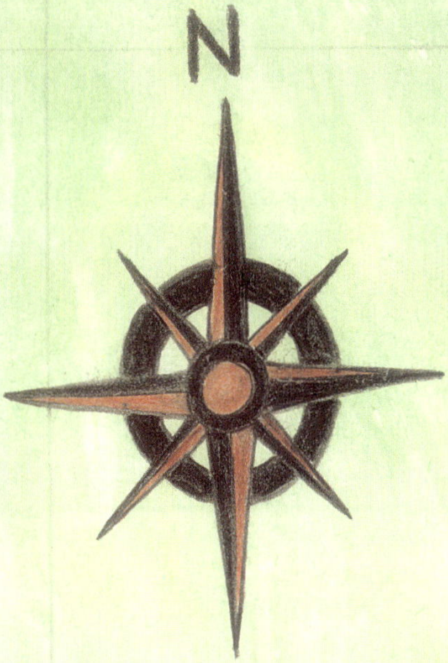
N

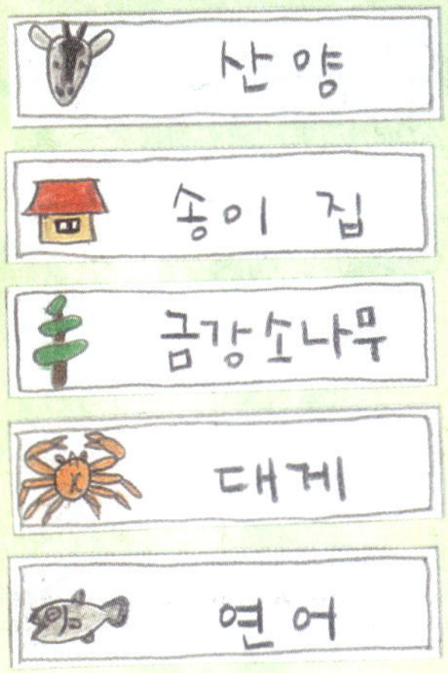
산양
송이 집
금강소나무
대게
연어

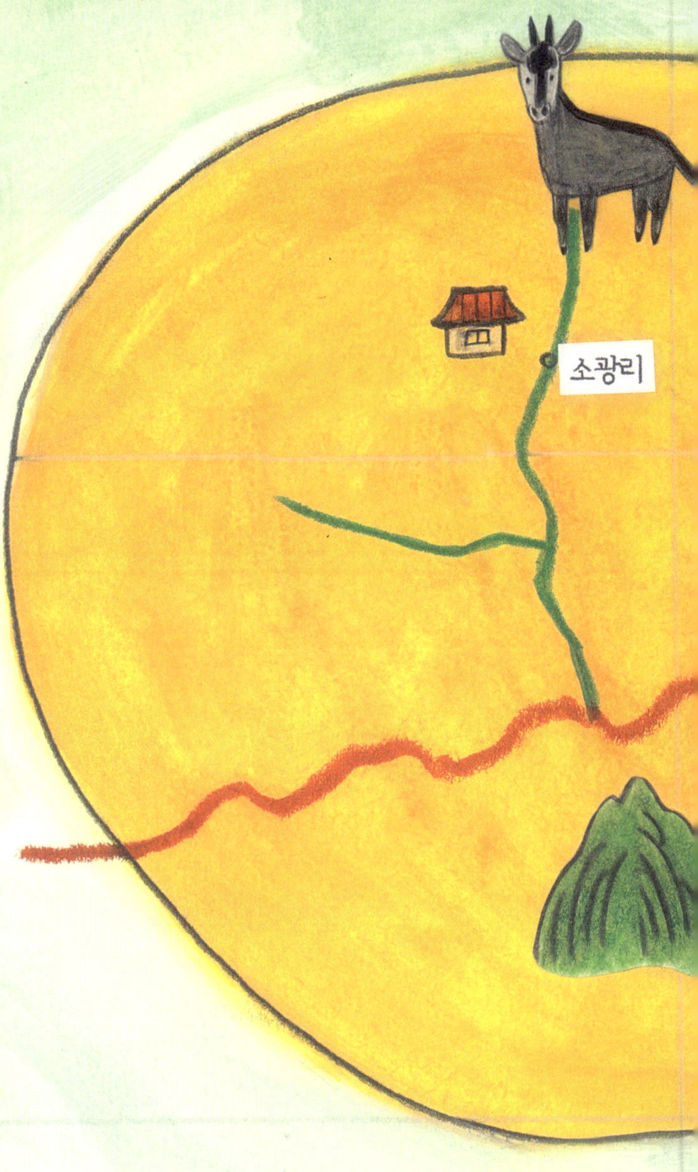
소광리

37°

내 이름은 송이야.
울진에 살아.

울진은 동해 바다도 끼고 있고,
높고 깊은 산도 있는 곳이야.
연어가 돌아오는 왕피천도 유명해.

울진에 올 때는 구불구불 산으로 난 도로로 오거나,
바다를 낀 도로로 와야 해.
어디로 오든 멋진 경치를 볼 수 있지.

이상
2000
1500
1000
500
100
0m
응봉산

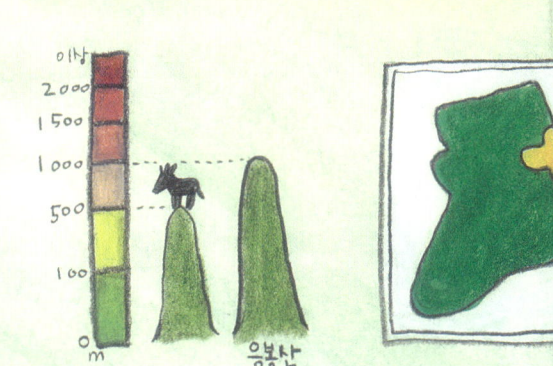

우리 할머니네 집은 금강소나무가 하늘로 쭉쭉 뻗어 자라는
소광리에 있어.

바람 부는 날에는 사사사삭 소나무들이 이야기하는 소리,
눈 많이 내린 날에는 눈 무게를 못 이긴 소나무 가지가
뚝뚝 부러지는 소리가 들려.
소나무가 뿜어내는 냄새는 또 얼마나 좋다고.

오백 살이 넘은 나무도 있어.
이제 겨우 아홉 살인 나는 얼마나 긴 시간인지, 짐작도 안 돼.

금강소나무: 줄기가 굽지 않고 곧게 자라는 소나무로, 주로 경북과 강원도에 많이 자라. 울진 소광리 일대에는 금강소나무가 모여 사는데, 산림 유전자원 보호림으로 지정되어 있어.

"할아버지, 할머니! 나도 데리고 가."
"송이가 송이버섯 먹고 한 뼘 더 크면 데리고 가지."

가을이면 할아버지랑 할머니는 날마다 송이버섯 따러 산에 가.
송이버섯처럼 영근 아이가 되라고 내 이름도 송이라고 지었대.

"우리 송이 여기도 있고! 조기도 있고! 허허허, 송이 송이
하얀 송이들이 당글당글 소복소복 보기도 좋고!"

할아버지가 지은 이름이면서 맨날 놀린다니까.

할머니랑 할아버지가 송이 따는 동안에는
옆집 소라 언니네 가서 놀고 있으래.
그 수상한 언니랑 놀아도 될까?

저번에 보니까 마루에 놓인 커다란 상자 속에
덫이랑 올무가 가득하더라고.

진짜 수상해.
혹시 몰래 동물 잡아서 팔아먹는 사냥꾼?

올무: 동물을 잡기 위해 놓아 두는 올가미로, 주로 철사를
고리 모양으로 엮어 만들어.

"소라 언니! 언니!"
수수부꾸미를 들고 찾아갔더니,
사람은 없고 방문은 열려 있어.

안으로 들어가려다가 웬 북실북실한
네 발 짐승에 발이 걸려 넘어졌어.
어느새 나타난 소라 언니가 일으켜 줘.

"미안 미안! 그거 새끼 멧돼지 박제야.
겨울 오기 전에 준비할 게 많아서
방이 엉망이야. 그래도 대환영!"

방 한쪽에는 책이
산처럼 쌓여 있고,
벽에는 지도가 붙어 있어.
앉은뱅이 책상에는 염소 똥 같은
까만 덩어리들이 흩어져 있고.

이 언니 진짜 뭐 하는 사람일까?

🐗 수수부꾸미: 수수 가루를 잘 반죽해서 둥글고 넓게 만든 뒤에 기름에 지진 떡이야.

🐗 박제: 동물 가죽을 곱게 벗기고 썩지 않게 처리한 뒤, 솜이나 대팻밥을 넣어 살아 있을 때와 같은 모양으로 만들어 둔 것을 박제라고 해.

소라 언니는 야생동물에 대해 공부하고 있대.
우리 마을 숲에 산양이 얼마나 사나 조사도 하고
덫이나 올무도 거두고,
사람들한테 산양에 대해 알려 주는 글도 쓴대.

수수부꾸미를 좋아라 집어먹는 소라 언니,
나쁜 사람은 아닌 거 같지?

벽에 붙은
커다란 동물 사진을 가리키며
소라 언니가 그래.
"산양이야, 멋지지?"

"이걸 다 언니가 찍었어?"
"무인 카메라가 저 혼자 찍은 게
더 많아. 진짜 산양을 만나는 건
무지 어렵거든."

카메라가 저 혼자 찰칵찰칵
찍는다니, 정말 신기해.

"눈이 참말로 곱지?"
소라 언니는 꼭 꿈꾸는
사람처럼 말해.

🐐 무인 카메라: 동물이 다닐 만한 곳에 카메라를 설치해 두고, 카메라가 움직임을 감지하면 자동으로
촬영하도록 해 둔 거야. 그래야 동물들이 자연스럽게 행동하는 걸 볼 수 있거든. 바람만 불어도 찰칵찰칵
찍어 대서 문제긴 하지만.

"송이야! 너도 산양 만나러 갈래?"
"응! 응!"
나는 신이 나서 따라나섰어.

근데 한참을 걷고 또 걸어도 산양은커녕 산양 그림자도 안 보여.
소라 언니는 계속 걷기만 해.
길이라도 잃으면 어떡해? 꽃으로 표시를 하며 갔어.
바로 그때야.

"산양이다!"
"어디어디?"
소라 언니는 바위 아래 움푹한 곳에 쪼그리고 앉아 있어.

"이것 좀 봐. 엄청 예쁘지?"

소라 언니가 예쁘다고 한 게 뭔 줄 알아?
똥 무더기야, 똥! 똥 똥, 산양 똥!
만질만질 까만 콩처럼 생긴 똥!

"싼 지 얼마 안 된 똥이야. 봐 봐,
도토리를 많이 먹었나 봐.
소화도 잘 시켰고. 아, 기특해라."

그러면서 똥 덩어리를 손으로 덥석 집어!
똥 덩어리가 몇 개인가 세더니,
몇 알은 유리병에 넣기까지 해.

"송이야, 손 좀 빌려 줄래?"

똥 크기가 어느 정도인지 비교해서 찍겠다며
손 위에 똥을 올리래.
그런데 희한하지?
손 위에 똥을 올려놓는데, 싫지가 않은 거야.

"너도 이리 와서 누워 봐."
산양이 쉬었다 간 바위 아래 소라 언니랑
같이 누웠어.
생각보다 포근한걸!

"산양이 가진 거라곤 작은 뿔이랑 날랜 발뿐이야.
엄청 순한 짐승이지.
사람을 무서워해.
몸에 좋다고 잡아먹고, 자기가 살던 곳에 도로를 내고 그러니까.
산양을 따라다니는 게 나는 참 좋아.
산양들이 험한 절벽이랑 바위를 좋아해서 쉽지는 않지만."

지난밤에 여기에서 낙엽 이불을 덮고 잤을 산양을 생각하니까
마음이 간질간질해.

산양들아, 여기서 보낸 밤이 춥지는 않았니?

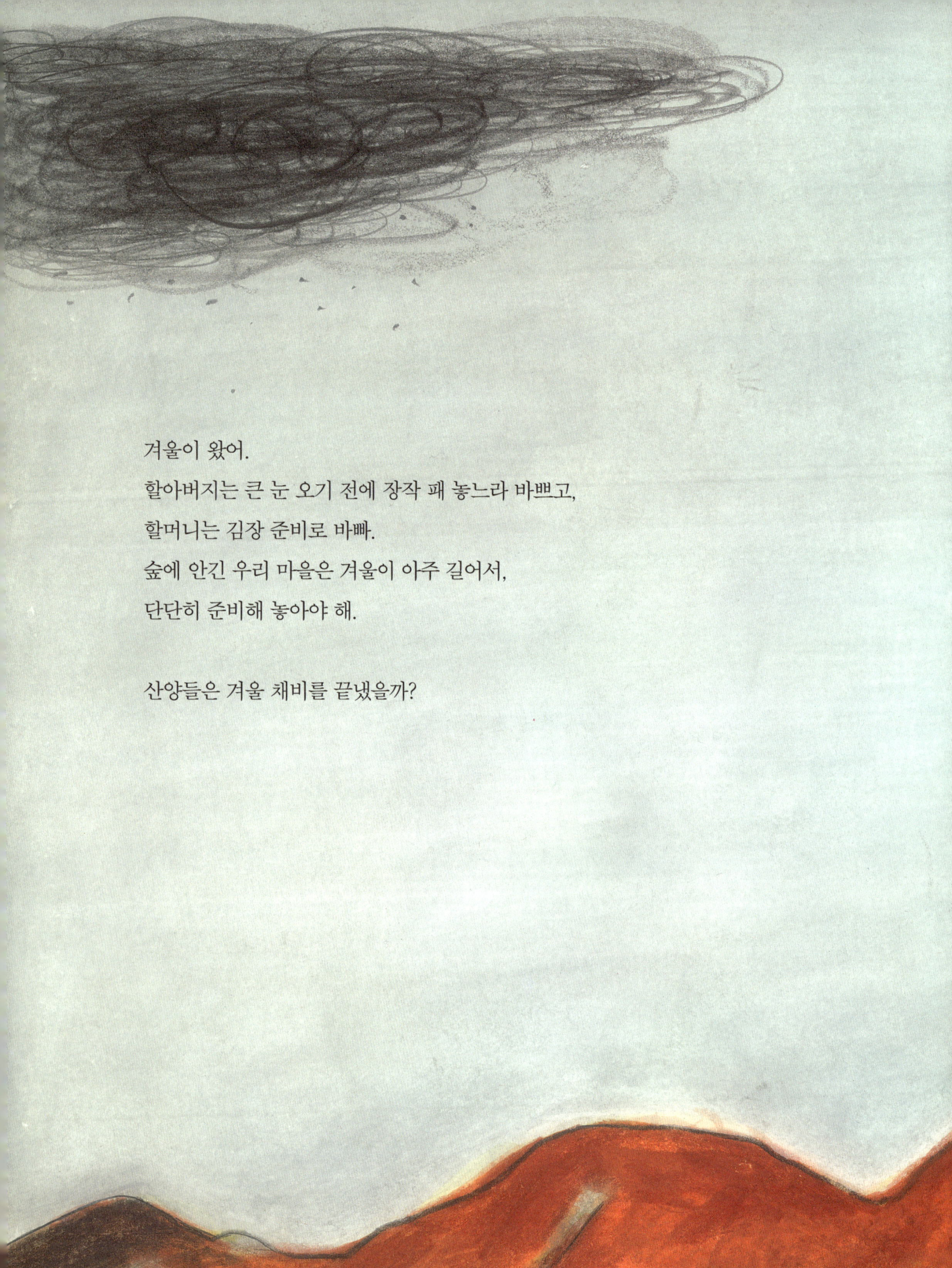

겨울이 왔어.
할아버지는 큰 눈 오기 전에 장작 패 놓느라 바쁘고,
할머니는 김장 준비로 바빠.
숲에 안긴 우리 마을은 겨울이 아주 길어서,
단단히 준비해 놓아야 해.

산양들은 겨울 채비를 끝냈을까?

날이 추워지니
할아버지는 산양이 걱정이야.

"겨울 되면 산짐승은 살기 힘들어, 먹을 게 죄 눈 속에 파묻히니까.
산양이 특히 그렇지. 도토리 없는 겨울에는 조릿대 잎이나 이끼를 먹어야 하는데,
산양 발바닥은 말랑말랑 고무 같거든. 바위 타는 데는 좋지만
눈을 파헤치는 데는 도움이 안 돼.
주둥이로만 파헤치려니 그게 쉽겠어? 그러니 자꾸 산 아래로 내려올 밖에."

"송이 팔러 저 산 넘어 다닐 땐 산양을 만나기도 했어.
저도 알지, 내가 해칠 생각이 없다는 걸.
풀만 먹고 사는 순한 짐승이니 나도 녀석이 겁 안 나.
그래 서로 한참 쳐다보다가 갈 길 가고 그랬어.
다 옛날 얘기야."

밤부터 쏟아진 눈이 꽤 쌓였어.
소라 언니랑 할아버지는
설피를 챙겨 신고
가방에 물이랑 먹을 걸 챙겨 길을 나서.

"어디 가?"
"눈이 오면 산양 발자국이 잘 보이거든. 살펴보러 가는 거야."
"나도 가!"
"안 돼, 길이 험해."

떼를 썼지만 소용없었어.
나도 산양 보고 싶은데!

🦊 설피: 산골 마을에서 주로 신는 넓적한 덧신으로 칡이나 새끼를 꼬아 만들어. 눈에 빠지지 않도록 신 바닥에 대서 신어.

나도 가방을 꾸렸어.
제일 좋아하는 돌고래 인형도 챙겨 넣고,
할아버지랑 언니 발자국을 따라 갔지.

처음에는 괜찮았어.
그런데 갈수록 발이 무거워지는 거야.
발은 푹푹 빠지고, 눈은 마구 엉겨 붙어.
게다가 엄청 추워. 눈까지 내리기 시작해 앞도 잘 안 보이고.

도대체 여기가 어딜까?

저기, 소라 언니랑 누웠던 그 바위야!
반가워서 얼른 달려갔지.
근데 나보다 먼저 누가 와 있어.
새끼 산양이야!
춥고 무서워서인지, 달달 떨고 있어.

"너도 나처럼 엄마 없이 혼자야?
내가 안아 줄게. 걱정 마!"

보온병에 담아 온 따뜻한 물을 꺼내 먹이고, 빵도 나눠 먹었어.
그나저나 어떻게 돌아가지?
나도 몰라.
엄청 졸려.

꿈속에서 나는 따뜻한 꽃밭에 있었어. 산양을 타고 놀았지.
그런데 소라 언니가 자꾸 불러, 귀찮게.

"정신 차려! 눈 좀 떠 봐!"
할아버지도 불러, 시끄럽게.

겨우 눈을 떴더니 할아버지랑 소라 언니가
나를 걱정스럽게 내려다보고 있어.
소라 언니 눈에는 눈물까지 글썽글썽.

나는 다시 까무룩 잠이 들었어.

나는 하루를 꼬박 자고 난 뒤에야 일어났어.
새끼 산양을 꼭 껴안고 잠든 나를 안고 내려오느라
할아버지가 엄청 힘들었대.
정신을 차리자마자 소라 언니에게 물었지.

"양이는 어딨어?"
"양이가 누군데?"
"바보! 새끼 산양 말이야."
"벌써 이름까지 지은 거야?"
"응! 내 동생 할 거야!"

양이는 부엌 옆 외양간에 있었어.
외양간에 갔더니 나를 보고 양이가 벌떡 일어나.
내가 반가운가 봐.
그런데 소라 언니가 야속한 소리를 하는 거 있지.

"송이야, 양이는 네 동생이 될 수 없어."

"양이는 개나 고양이처럼 집에서 기를 수 없어.
지금은 눈 때문에 길이 막혀서
야생동물 구조 병원에서도 못 오지만,
눈이 녹으면 양이는 여기를 떠나야 해."

바로 그때 소라 언니 전화가 울렸어.
할아버지가 집 뒤 계곡에서 산양을 또 발견했대.

할아버지랑 소라 언니는 산양이 놀라지 않도록 눈을 가리고 집으로 안고 왔어.
담요로 몸도 따뜻이 덮어 주고 말이야.
살아날 수 있겠지?

산양은 기운이 하나도 없어.
그저 눈만 떴다 감았다 해.
어떻게든 일어나 보려고 용을 쓰는데 마음대로 안 되나 봐.
할아버지가 소라 언니한테 가만히 고개를 저어 보여.

다행히 양이는 기운을 차렸어.
조릿대도 받아먹고 마당도 뛰어다녀.

"옛날에도 이렇게 눈이 많이 온 뒤에는
산짐승들이 종종 산 아래까지 먹을 걸 찾아 내려오곤 했어.
이미 여러 날 굶주린 뒤라 산 아래까지 와서는 쓰러지기 일쑤였지.
우리가 좀 더 일찍 발견했더라면…….
산양 돌보는 병원이 근처에 있었더라면
어제 그 산양도 죽지 않았을 텐데……."

할아버지는 깊은 한숨을 쉬고,
소라 언니는 그냥 하늘만 쳐다봐.
나는 산양이 춥지도 않고
배도 안 고픈 곳으로 가게 해 달라고 빌었어.

이제 양이랑 지낼 수 있는 시간도 얼마 남지 않았어.
녹지 말라고 아무리 애원해도,
날마다 햇살에 눈은 녹고 또 녹아.

양이랑 나는 마당에서 달음박질도 하고,
숨바꼭질도 했다니까.
진짜 내 동생 같아.

소라 언니도 신났지.
아침저녁으로 양이 들여다보면서 사진 찍고,
먹이 주고, 뭘 또 그렇게 열심히 쓰는지…….
아, 그래 똥!
그놈의 똥은 지겹지도 않은지 지금까지 들여다본다니까.

"송이야. 이따 점심 때쯤 양이 데리러 사람들이 올 거야."

결국 그날이 오고 말았어.
양이와 헤어지는 일은 많이 슬펐지만
그래도 괜찮아.
의사 선생님한테 진료 잘 받은 뒤에
친구들이 있는 곳으로 돌아가면, 양이도 행복할 테니까.

양이는 나랑 헤어지는 게 슬프지도 않은지
경중경중 마당을 자꾸만 뛰어다녀.
내가 선물한 종이 목걸이를 걸고 말이야.

양이를 데려간 사람들은 양이 귀에 노란
식별표를 달아 산으로 보냈대.

봄이 되면서 소라 언니도 서울로 갔어.
그래도 가끔 무인 카메라 확인하러 오기는 해.
양이도, 소라 언니도 많이 보고 싶어.

그렇지만 괜찮아.
보고 싶을 땐 양이랑 만났던
바위 보금자리에 가면 되니까.

식별표: 야생동물의 습성을 연구하기 위해 언제, 어디에서 발견된 동물인지, 누가 붙인 표인지 기록해 동물의 귀에 붙여 두는 딱지야. 요즘은 목걸이를 걸어서 보내는 일이 더 많아.

소라 언니가 보내 준 사진들도 꺼내 봐.

무인 카메라에 찍힌 양이는
무럭무럭 잘도 컸지.

"우리 양이가 엄마가 됐어!"

양이에게 선물한 종이 목걸이가
새끼 산양도 맘에 드나 봐.

산양들아, 씩씩하게 잘 살아 주렴!

산양에 대해 더 알아볼까요?

© 박그림

🐂 산양은 산에 사는 양인가요?

산양은 '숲 속에 사는 작은 양'이라는 뜻이에요. 그러나 생김새나 살아가는 모습은 우리가 흔히 보는 양과는 많이 달라요.

산양은 포유류강—우제목—소과에 속하는 동물이에요. 무슨 말이냐고요? 새끼로 태어나서 엄마 젖을 먹고 사는 '포유류'이며, 소나 돼지, 염소처럼 발굽이 둘로 갈라진 '우제목' 동물이며, 젖소나 황소 같은 소와 비슷하다는 뜻이에요. 산양은 약 2백만 년 전의 까마득한 원시 형질을 거의 그대로 간직하고 있어 "살아 있는 화석"이라고 불려요.

산양은 현재 전 세계에 4종이 살고 있는데, 우리나라에는 그중 한 종이 살고 있어요. 태국의 서부 지역, 버마의 동부 지역, 중국 동부 지역, 그리고 한국과 시베리아의 남동부 지역에도 살아요. 우리나라에선 강원도 비무장지대와 설악산, 오대산, 두타산, 울진·삼척·봉화 지역의 바위가 많은 산에서 살지요. 오래전에는 많은 수가 살았지만 이제는 개체수가 많이 줄어 천연기념물 217호, 멸종 위기종 1급 동물로 보호받고 있어요.

© 녹색연합

산양인지 염소인지 헷갈린다고요?

때때로 산에 풀어 키우는 염소를 산양이라고 착각하는 사람들도 있어요. 그러나 산양은 염소보다 몸집이 더 커요. 털은 회색과 황갈색이 섞여 있고요. 머리 부분은 짙은 황색, 뺨은 흑색, 목에는 하얗고 커다란 반점이 있는 게 특징이에요. 그리고 염소는 꼬리가 거의 안 보일 만큼 짧은데, 산양은 발 뒤꿈치까지 내려올 정도로 길어요. 이젠 헷갈리지 않겠지요? 또 산양의 몸길이는 820~1,300밀리미터, 꼬리 길이는 80~200밀리미터, 몸무게는 22~35킬로그램 정도예요. 발에는 바위가 많은 산에서도 미끄러지지 않고 잘 다닐 수 있도록 고무창 같은 굽이 있어요.

ⓒ 녹색연합

ⓒ 녹색연합

ⓒ 녹색연합

바위산에서 어떻게 살아요?

산양은 주로 바위가 많은 산악 지대에 살아요. 가파른 바위 위를 껑충껑충 미끄러지지 않고 잘도 오르내리지요. 고무 같은 발굽 덕분이에요. 바위산에서도 시야가 탁 트여 앞이 잘 보이는 능선 위나 바위 처마 아래 조용한 곳을 은신처로 삼아요. 바위 경사지라면 높은 곳이든, 낮은 곳이든 상관하지 않고 살 수 있지만 사람들이 많이 오지 않는 곳은 아무래도 높은 곳이겠지요. 한번 자리를 정하면 그곳을 거의 떠나지 않기 때문에 산양에겐 은신처가 정말 중요해요. 낮과 한밤중엔 주로 은신처에서 쉬고 이른 아침과 해질 무렵에 먹이를 찾아다녀요. 어미와 새끼 산양 두세 마리가 함께 살기도 해요. 풀, 열매, 도토리, 신갈나무, 피나무, 산새풀 등을 먹는데 먹이가 부족할 때는 침엽수의 가지와 이끼도 먹어요.

사람들이 숲에서 산양을 만나기는 정말 어려워요. 그래서 산양을 조사하는 사람들은 산양이 눈 똥과 발자국으로 산양이 있다는 걸 확인해요. 산양 똥은 동글동글하고 윤기 있는 까만 콩처럼 생겼어요. 먹이를 먹고 나면 바로 한주먹씩 똥을 누는데, 산양이 똥을 누는 자리가 은신처이기도 해요.

ⓒ 녹색연합

🐐 오래전에는 산양이 많았다고요?

《조선왕조실록》같은 옛날 책을 보면 산양이 경상북도 문경 남쪽에서 발견되었다는 기록이 있어요. 꽤 많았던 산양이 갑자기 줄어든 것은 1950년대와 1960년대예요. 그 무렵 강원도에 내린 폭설 때문에 산양들이 먹이가 부족해져 민가 주변에 내려왔는데, 주민들이 약 6천 마리 정도를 잡았다는 기록이 있어요. 그 이후에는 극히 제한된 지역에서만 명맥을 유지하고 있을 정도로 멸종 위기에 놓이고 말았지요.

1백 마리 이상이 살고 있는 곳으로는 설악산, 비무장지대와 그 주변, 울진·삼척·봉화군 정도예요. 전국에 약 750마리의 산양이 살고 있다는 것이 확인되었어요.

산양이 멸종 위기종이 된 까닭은 살 곳이 파괴되고, 사람들이 몰래 산양을 잡았기 때문이에요. 자연재해나 살기 힘든 기후 조건 때문이기도 하고요. 특히 과도한 개발로 산양이 살 수 있는 곳이 줄어드는 게 가장 큰 문제예요.

🐐 울진 숲 속의 산양 친구들이 위험하다고요?

우리 책의 배경이 된 울진 지역은 설악산, 비무장지대와 더불어 남한 최대의 산양 서식지예요. 산양이 살고 있는 남방한계선으로 대단히 의미가 있는 지역이에요. 하지만 울진 지역에서만 2010년부터 지금까지, 서른 마리가 넘는 산양이 죽었어요. 그것도 겨울에요. 울진 지역에 눈이 많이 와서 먹이가 부족했기 때문이에요.

산양은 먹이를 찾아 산 아래 마을로 내려오다 배고프고 지쳐 쓰러지곤 했어요. 사람들은 산양 구조 작업에 나섰지요. 어떨 때는 죽은 산양을 발견하기도 했고, 운이 좋을 때는 아직 살아 있는 산양을 발견하기도 했어요. 그러나 숲 속에서 아직 죽지 않고 탈진한 산양을 구조해도 울진 지역에는 산양을 제대로 치료할 수 있는 의사도 없고 병원도 없어서 멀리 떨어진 곳으로 데려가야 했어요. 그래서 자동차를 타고 가다가 죽은 산양, 치료를 받다가 죽은 산양도 있어요. 산양을 돌보는 병원과 의사가 울진 지역에 생겨야만 산양을 더 많이 구할 수 있어요.

🦌 〈녹색연합〉과 함께 산양을 지켜 주세요

〈녹색연합〉은 산양을 지키기 위해 산양이 어디에서 어떻게 살고 있는지 조사하고 있어요. 소라 언니처럼 말이에요. 산양이 다닐 만한 길에 무인 카메라를 설치해 두고 나중에 확인하기도 하고, 산양 보금자리에서 똥을 조사하기도 하고, 겨울엔 발자국으로 확인하기도 해요. 산양이 살고 있는 숲이 사라지지 않도록 지키는 일도 하고요. 겨울철엔 산양 구조 활동도 해요. 송이 할아버지처럼 지역 어르신들의 도움도 받지요. 산양은 천연기념물이기 때문에 다친 것을 보아도 함부로 건드리면 안 되고 보는 즉시 신고한 뒤 구조대를 기다려야 해요. 죽은 산양을 발견했을 때도 마찬가지랍니다.

울진 숲은 2010년부터 많은 수의 산양이 죽었던 곳이지만 국립공원이 아니기 때문에 산양을 위한 병원도, 의사도 없어요. 그래서 〈녹색연합〉은 울진 숲의 산양을 지속적으로 보호하고 관리할 수 있는 곳을 만들기 위해 애쓰고 있어요. 울진 숲에 사는 산양이 어려운 상황에 놓여 있다는 것도 사람들에게 널리 알리고요. 어린이 친구들도 산양이 어떤 동물인지, 얼마나 중요한 동물인지, 그리고 울진 숲에 있는 산양이 어떤 위험에 처해 있는지를 주위 친구들에게 잘 알려 주었으면 좋겠어요.

이렇게 나무에 카메라를 설치해 두고 산양을 기다려요.